锻炼脑力思维游戏

科学画谜

编著：王维浩

吉林科学技术出版社

前 言

　　玩，是少年儿童的天性。为了让少年儿童玩出乐趣，玩出新奇，玩出品位，玩出智慧，越玩越聪明，我们推出了"锻炼脑力思维游戏"系列图书。该系列图书共分八册，每册均以不同的内容为主题，编创了有趣的、异想天开的智力游戏题。游戏是伴随孩子成长的好伙伴，孩子会在游戏中开发大脑，收获知识。

　　本册《科学画谜》，向孩子们展示了日常生活当中一些常见的科学现象，激发孩子们的阅读兴趣，让孩子们通过生动的形象去寻思谜底，同时又以游戏的形式展现，既让孩子们感到丰富的趣味性，又能增长知识储备，可谓一举两得。

　　"锻炼脑力思维游戏"系列图书，图文并茂，集知识性、娱乐性和可操作性于一体，既能把课堂上学到的知识运用到游戏当中，又能使课堂上学到的知识得到相应的延展，既为孩子们开启了玩兴不尽的趣味乐园，又送上了回味无穷的益智美餐。

问题

盐酸与水

这儿有两个杯子，其中一个杯里盛的是盐酸，另一个杯里盛的是水。在两个杯子中分别加入少量的蛋壳。那么你知道哪一个杯子里盛的是水？哪一个杯子里盛的是盐酸吗？

问题

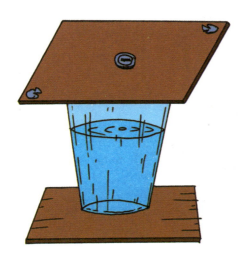

硬币方向

在盛有水的玻璃杯上放一张扑克牌，扑克牌上放一枚硬币，用手指迅速有力地横向弹走扑克牌，那么请你判断硬币会往哪儿去？

答案

A 杯是水，B 杯是盐酸。因为 A 杯中有蛋壳，如果杯中是盐酸，蛋壳会溶化，蛋壳没有溶化，说明此杯中是水。

答案

硬币会掉入杯中。因为扑克牌得到外力的作用，而硬币没有得到外力的作用，所以会掉入杯中。

打水漂

一个小朋友正在河边打水漂玩，请你仔细观察一下，判断图中共有几个小朋友在打水漂呢？

几点钟

从镜子里看，这是七点。请你推断一下，实际这时是几点钟？

3个。河对岸还有两个，从左下角的水漂数可以判断出。

5点钟。镜子里时钟是左右相反的，所以实际时间是5点钟。

问题

荷花仙女

荷花仙女清晨出行遇上了魔王，她急中生智变成池塘中的一朵荷花。你能判断出在这几朵荷花之中，哪朵是荷花仙女变的吗？

问题

谁先到

两位小朋友相约在12路车站见面，那么从左图中，你知道他们谁来得更早一些吗？

答案

没有露水的那朵。因为清晨的荷花上都有露水，所以没有露水的那一朵肯定是荷花仙女变的。

答案

左边那位小朋友来得早。因为他脚下已积了一大摊雨水。

问题

出与进

请你判断一下，图中这位小朋友是要进屋呢，还是准备出去？为什么？

问题

三个小孩抬水吃

左图为一家三胞胎，其中老大拎着塑料桶，老三拎着铁桶，老三和老二共同拎着木桶，你能推断出老大、老二和老三分别是哪一个吗？

科学画谜

答案

进来。因为人在推门时左手一般不会放在门框上，那样会被门挤到的。

答案

原图从右到左依次为老大、老二、老三。

问题

变形的筷子

　　奇怪，这支插在水中的筷子怎么会变成这样呢？你答得出来吗？

问题

哪边的灯亮

　　从左边的图中你能判断出哪盏灯亮着？

答案

这是因为光线从一种透明体进入另一种透明体时，通过的速度不一样，在交会处发生偏折造成的。

答案

一眼可以看出右边的灯亮着，因为人的影子是在左边的。

问题

和尚挑水

这个和尚正挑着水往回走，请你判断一下，他挑的水哪一桶多？

问题

树的年龄

左图有六根树干，你能判断出它们各自的年龄吗？

答案

前面的那桶水多。因为前面的桶重，所以必须把肩膀往前移，这样才能保持扁担平衡。

答案

根据树干上的年轮可以判断出：A6年、B8年、C7年、D8年、E9年、F9年。

问题

比影子

这儿有三兄弟，老大、老二、老三站在同一个路灯下。请你推断一下，谁的影子最长？谁的影子最短？

老大　老二　老三

问题

找红领巾

佳佳为了找到她的红领巾，把所有的抽屉都打开了。请你根据图中情况推断一下，佳佳最先打开的是哪个抽屉？红领巾又是在哪个抽屉中找到的呢？

科学画谜

答案

老三的影子最长，老大的影子最短。因为物体离光源越近，所投的影子越短；反之，则越长。

答案

佳佳最先打开的是最下面的抽屉，红领巾是在最上面那个抽屉里找到的。如果佳佳首先打开最上面的抽屉前找到红领巾，那么，她就不会继续打开其他的抽屉了。

问题

郁金香

这是小明拍的照片，请你推断一下，这两张郁金香的照片，哪一张是白天拍的，哪一张是晚上拍的？

问题

狩猎图

这是贝贝画的一幅"中国猿人狩猎图"。请你判断一下，图中是否有错？

中国猿人狩猎图

答案

A 是白天拍的，B 是晚上拍的。因为郁金香是白天开花，晚上合拢。

答案

有错。当时没有编织技术，人不可能穿衣服，而且那时还没有弓箭。

问题

猫影

请你根据这两只猫的影子，判断一下哪只猫是正对着我们的，哪只猫背对着我们？

问题

真假手表

图中有两块手表，请你仔细观察一下，判断出哪块手表是真的，哪块是假的？

A

B

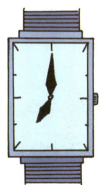

答案

左边那只猫正对着我们。根据猫尾巴所处的位置可以判断出，右边那只猫背对着我们，否则它的尾巴根部会被身体遮住。

耶！

答案

这块表才是真的！

A是假表，B是真表。因为不管时针位于任何整点上，它的分针都应该在12点这个位置上。

问题

小老鼠

一只小老鼠钻进细口的瓶里吃大豆，但它吃了几粒豆子后便不吃了，请你推断一下，小老鼠这是为了什么？

问题

镜中物

图中有一边是镜子中的图像，请你仔细观察，然后推理出哪一边是镜中的图像。

科学画谜

答案

这个瓶口很细，吃得太饱就钻不出来了。这是个机灵的小老鼠。

答案

右边是镜中的图像。因为上午五点钟太阳还未升上树梢。

问题

游泳

请你推断一下，这两个小朋友谁悄悄去游过泳了？

问题

谁钓的鱼大

小华与小佳一同去钓鱼，这时他们用相同的鱼竿各钓到了一条鱼。请你根据图中的情境推断一下，他们谁钓到的鱼大呢？

答案

左边那个小孩游过泳，因为他的头发是湿的。

答案

右边那位小朋友钓到的鱼大。因为他的鱼竿弯曲得比较厉害，说明钓上的鱼比较大。

问题

不合理处

这幅图里有一处地方画得不合理，你能判断出来吗？

问题

男人的衣服

这个男人在照镜子，请你仔细观察，判断出有什么不合理的地方？

科学画谜

答案

皮球不可能穿破墙壁，进到屋子里，而且墙上的洞也太小了。

答案

男人的西装纽扣应在右边。镜子里的反影错了。

问题

排次序

右边的图是小明用相机拍下的 5 个镜头，你能判断出它们的先后次序吗？

问题

数石块

小明和小华比赛投石块。请你判断一下，小明有几块石头没有投过池塘，掉入了池塘的水中？

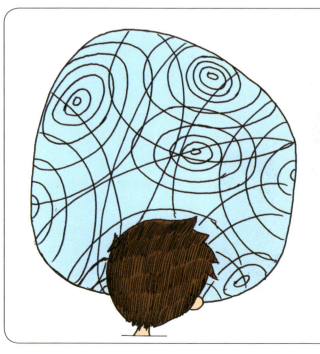

科学画谜

答案

从图中烟囱排烟的情况可以判断，5个镜头依次顺序是：E-C-B-A-D。

这是最后拍的。

答案

呀，这么多掉到池塘里了！

共有7块石头掉入了池塘里。

问题

什么时候

请你判断一下，图中描绘的是什么时候？别把时间弄错了！

问题

不对劲的船

这艘船行驶在茫茫的大海上，不过看上去好像哪儿有点不对劲儿，你看出来了吗？

科学画谜

答案

是中午的时候。因为图中小学生的影子很短，正好在人体下方。

这下我知道了。

答案

烟不对。烟应是先细后粗，因为烟会不断地膨胀扩散。

问题

抬木头

这两个小朋友抬了一根木头，请你判断一下，他们谁在偷懒？

问题

手表之争

在街上，有一个胖子和一个瘦子在为一块手表争吵着，都说这块表是自己的。这是一块老式的皮革穿孔的手表，没有什么特别之处。那么，你看了这块手表之后，请你判断一下，这表该是谁的？

答案

后面那个小朋友在偷懒。他抬木头的支点越往后，所承受的压力就越小。而前边那位小朋友抬木头的支点越往后，所承受的压力就越大。

答案

瘦子说了谎，手表应是胖子的。因为根据表带上的洞眼痕迹，可以看出表的主人比较胖。

问题

放风筝

这儿有两个小朋友在放风筝。你能判断得出他俩谁放的风筝高吗？

问题

A

B

真假樟脑丸

图中A和B是樟脑，不过其中一盘是假的。那么，你知道哪一盘才是真正的樟脑吗？

左边那个小孩放的风筝高。因为风筝放得高，线就是弧线；风筝放得越低，线就绷得越直。

A 是真樟脑丸。因为衣服没有被蛀虫吃。

问题

冷暖鱼缸

图中有两个鱼缸，请你仔细瞧瞧，你能判断出哪个鱼缸是刚从太阳底下端进来的吗？

问题

睡莲

这是两张睡莲的照片，请你判断一下，哪张是白天拍的，哪张是晚上拍的呢？

答案

下面那个鱼缸是刚从太阳底下端进来的。因为太阳照射水面会传递热量，鱼会朝水底游去。

答案

A是晚上拍的，B是白天拍的。因为睡莲白天开花，夜晚便会合拢。

问题

帆船比赛

佳佳说这张照片是他在海边比赛现场拍的。请你判断一下佳佳说得对吗?

问题

古怪小屋

乐乐去找佳佳,来到一间小屋。屋内上下左右前后都镶满了玻璃镜片,而且不留一点缝隙。那么,请你判断一下,乐乐将会看到什么呢?

答案

佳佳在说谎。照片中两艘帆船的风帆方向相反，这是不可能的。这张照片是经过特殊处理了的。

答案

什么也看不见。房间里各个方向都镶满了玻璃镜片，又没有一点缝隙，按光学原理解释，那是进不了一点儿光线的，结果只能是什么也看不见。

问题

两个热水瓶

桌子上有两个一样大小的暖水瓶，从暖水瓶的情况看，你能判断出哪一个暖水瓶装的开水多吗？

问题

写生图

有一个画家画了左边这样一幅写生，请你判断一下，画中哪里画得不对呢？

科学画谜

答案

左边那个暖水瓶装的开水多。未装满开水的暖水瓶留有空间，热气会膨胀把瓶塞冲开。

这瓶热水多！

答案

如左图所示，烟柱应飘向同一边。

胡萝卜重

佳佳有一根胡萝卜，一头粗一头细。现在佳佳用一根线把它吊起来，使两边平衡。然后她在线的地方将胡萝卜切开，请你判断一下，两段萝卜会一样重吗？

唉？怎么吸不到牛奶呢？

吸牛奶

小明使劲吸牛奶，可就是吸不到牛奶。他应该怎样做，才能吸到牛奶呢？

科学画谜

答案

这头重。

粗的一头重，细的一头轻。因为粗头离支点（线处）远，故两边能平衡。

答案

牛奶我吸完了！

小明用手堵住牛奶杯外的吸管，便能吸到牛奶了。因为当吸管"漏气"时，嘴里的气压和外界一致，外界的气压就不能把牛奶压进嘴里。

这是明明画的一幅夜景图，不过请你判断一下，这幅图中是否有错？

问题

太空行走

小华说左图是他在太空行走时拍的照片，请你判断一下，这张照片是真的吗？

科学画谜

答案

星星不可能出现
在月亮的阴影部。因
为月亮的阴影部是月
亮的实体部。

答案

假的。因为太空
中是不会有云的。

问题

真假古瓷瓶

明明的爸爸收藏了右图中的四个古代瓷瓶，请你判断一下，这四个古瓶中有没有假的？

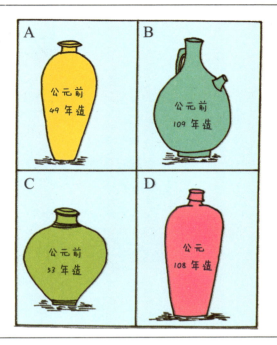

问题

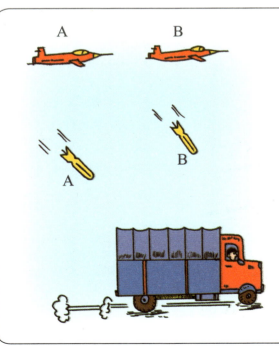

投弹

请你推断一下A、B两架飞机，哪一架上的炸弹能投中地面行驶中的汽车？

答案

天呀，只有1个是真的！

只有 D 图中那个写有"公元 108 年造"的古瓶是真的。因为在公元前还没有"公元"这个概念，当时的人们根本就不可能用公元这个称呼。

答案

投中了！

B 飞机能投中汽车。因为汽车是行驶状态，离 B 炸弹的落点越来越近，离 A 炸弹的落点越来越远。

真假花

这儿有两朵花，一朵是真花，一朵是塑料花。你能指出哪一朵是真花吗？

倒向何方

这有一个跷跷板，一头是一个皮球，另一头是一支燃烧的蜡烛，保持着平衡。请你推断一下，当蜡烛燃烧以后，跷跷板最后倒向何方？

科学画谜

有蝴蝶飞的那朵花是真花。假花是没有芳香的。

跷跷板先倒向乌龟尾，球落地，跷跷板最后倒向乌龟头一方。

问题

立体图形

图（1）是一个立体图形由上方观看时的图，图（2）则是同一立体图形由正面时观看的平面图。请你推断出这个立体图形由侧面观看时，应是什么模样？

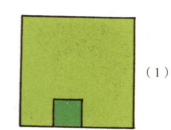

（1）

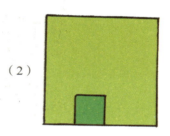

（2）

问题

拍照时间

请你好好瞧瞧这三张照片，判断出它们至少用了多长时间拍摄的？

科学画谜

答案

侧面观看时应该是图 A 那样。图 B 是这个立体图形的大致形状。

答案

照个相，用了一天时间，累死我了！

这 3 张照片至少用了一个白天。从鸟脚下的阴影可以判断出，1 是早晨拍的，2 是中午拍的，3 是傍晚拍的。

问题

影子

这天太阳很大，彦彦打着遮阳伞上街。不过这图中有点不对劲儿，你能判断出来吗？

问题

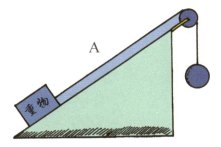

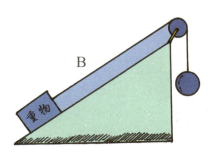

两个铁球

图中 A 和 B 的重物都是一样重，都静止不动。重物各拉着一个铁球，你能判断出哪一个铁球更重一些吗？

答案

彦彦的影子应该在右边。因为太阳是在彦彦的左上方。

不知是哪个傻瓜画的！

答案

还是这个铁球重些！

A铁球要重一些。因为它把支撑的力臂压平了。

树桩

小松外出旅游，发现有几个地方的树被砍伐了，便拍了照。你知道小松这两张照片是在什么地方拍的吗？

冷热水龙头

这儿有两个水龙头，一个是热水，一个是冷水。你不用手去摸，能判断出哪个水龙头出热水吗？好好想一想。

答案

A是在离赤道远的地方拍的。B是在赤道附近拍的。因为赤道几乎没有气候变化，植物生长总是一样，不形成年轮。

答案

有水珠的水龙头是冷水龙头，无水珠的水龙头是热水龙头。因为热水龙头散热，不会凝聚水珠，而冷水龙头吸热，所以表面挂有水珠。

问题

哪头重

豪豪正扛着一把禅杖在路上走，你能从他扛禅杖的姿势，判断出禅杖的哪头更重些吗？

问题

谁在装睡

请你仔细观察一下，判断究竟是谁偷吃了蜜糖却在这儿装睡呢？

答案

右边那头重一些。因为右边重，所以必须把肩往右移，才能使禅杖达到平衡。

答案

呀！

有蜜蜂靠近的那只小猪在装睡。因为正是蜜糖的气味引来了蜜蜂。

问题

漫游太空

这是明明为《漫游太空》设计的封面图，不过封面中出了一点小问题，请你判断一下，问题出在哪儿？

问题

谁是天体

请你判断，左图中哪些不是天体？

答案

小鼠没有戴氧气罩，这是不行的，因为太空中没有氧气。

答案

天南星是种植物，大卫星是个符号，它们都不是天体。天体是太阳、地球、月亮加其他恒星、行星、卫星及彗星、流星、宇宙尘、星云、星团等的统称。

亮着的灯

教室里有三盏灯，只有一盏灯是亮着的。那么，请你推断一下，哪一盏灯是亮着的呢？

推与拉

这儿有一扇大门，一位小朋友想从门里出去，请问他出门时，是应该拉门还是推门呢？

KUAI

中间那盏
灯亮着。

中间那盏灯亮着。
从两位小朋友身后的影
子方位可以判断出。

答案

　　出门应该是
"拉"。因为从门
外看，门上的"推"
字是正的，所以进
门应该推，而出门
时则应该拉。

问题

防洪水坝

右图是三个防洪水坝建造示意图，你知道其中哪个水坝最为坚固吗？为什么？

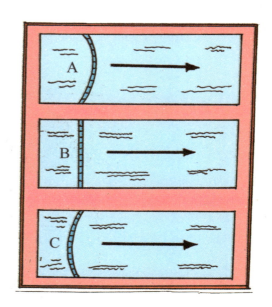

问题

最牢固的门

这座房子有四扇门，用了 A、B、C、D 四种不同的方法加固。请问，哪一扇门的加固方法最牢？

答案

C坝最为坚固。因为它把力分散到了两岸上。

答案

C的方法最好。因为三角形最具有稳定性。

问题

容器

这是两个相连的容器，它们都有水。不过它们哪儿有点儿不对劲儿，你能看出来吗？

问题

生石灰与沙子

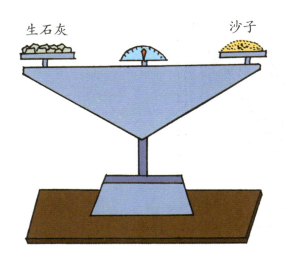

这架天平上一边是生石灰，一边是沙子，现在它们保持着平衡，那么请问，这架天平能长期保持平衡吗？

生石灰

沙子

答案

容器中的水应该在同一个水平面上，因为两个容器的水平面受的大气压力是一样的。

答案

生石灰是会分解氧化的。

不能，因为生石灰在空气中不断分解氧化，最终失去平衡。

磁铁棒

A、B 是两根外形完全一样的铁棒，其中一根是磁铁棒。请你不用其他任何东西鉴别出哪一根是磁铁棒？

问题

温度计

A 和 B 是两支温度计，你知道哪一支是寒暑计，哪一支是体温计吗？

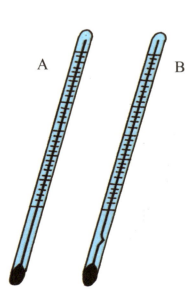

答案

当两根铁棒组成T字形时，若两棒互相吸引，则竖着的一根为磁铁棒。

答案

寒暑计

A是寒暑计，B是体温计。体温计有一狭窄部，须用力甩，体温表才能复原。

问题

空心球

右图平衡杆上吊着三个同样大小的球，但其中一个是空心的，你能判断出它是哪一个球吗？

A　B　　　　　　C

问题

平面屋顶

凉快的房子

这儿有两座小房，一座屋顶是平面，另一座屋顶是三角形。那么请问，这两种屋顶在夏天里哪一种住着凉快一些？

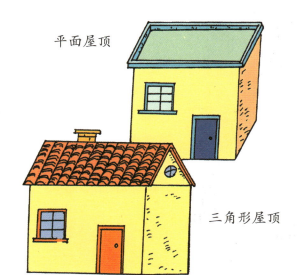

三角形屋顶

答案

A 是空心球。首先 C 不可能是空心球，那么只有A、B 中的一个是。如果 A 是实心球，再加上B，那么杠杆不可能保持平衡，所以 A 是空心球。

答案

三角形屋顶凉快一些。因为这样的屋能造成空气在屋内天花板至三角形屋顶间自由流动，散热快。

问题

黑球方向

右图中所有的弧线都是固定的。请你推断一下，黑球朝箭头所指的方向滚下后，最终会落在什么地方？

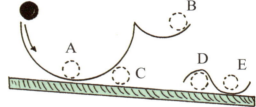

问题

谁重一些

右图中这两个铁球刚好达到平衡，那么，你知道哪个球更重一些吗？动动你的小脑瓜吧！

科学画谜

答案

A处。小球会滚过去又滚回来，最后停留在A处。因为在第一个圆弧末端，小球已到达最高点了，所以在重力的作用下，它会最终回落至A处，并停止运动。

答案

B球重一些。当支点两边一轻一重时，轻的那边必须离支点远一些，这样才能保持杠杆平衡，所以B球更重些。

B球

问题

食盐水

在甲乙杯中各滴上一滴墨水，你能根据杯中变化的情况，指出哪一杯是清水？哪一杯是饱和食盐水吗？

问题

燃着的煤油灯

这是一盏燃着的煤油灯。如果这样对着煤油灯吹气，你认为煤油灯还会冒黑烟吗？

答案

甲是饱和食盐水。因为蓝墨水比饱和盐水比重轻，则能浮在液面。蓝墨水比清水比重要重，则会下流。小朋友，请你试一试。

答案

不会。煤油燃烧如果得到充足的氧气和空气就会完全燃烧，不会再冒黑烟。

问题

奇怪现象

右图中是一个电扇和一架飞机，不过这两样东西让人瞧着有些别扭，你能瞧出图中有什么地方不对劲吗？

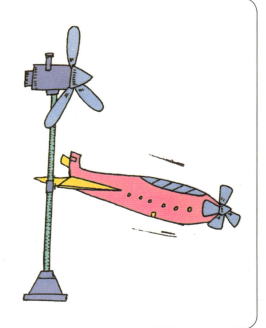

问题

两块玻璃

把两块玻璃擦干净，然后滴上水，再把两块玻璃叠在一起，然后重合。这时你能再轻松地把两块玻璃分开吗？

答案

电风扇的叶片应装在飞机上，而飞机的叶片应装在电风扇上。电风扇用飞机的螺旋桨大材小用了。

答案

不能。滴有水滴的两片玻璃可以紧密贴合，使得两片玻璃间气压非常小，气压压着玻璃片使其很难分开。

问题

哪种方法省力

在右图中有两种切菜的方法，请问哪一种方法省力？

斜切

垂直切

问题

雨滴

你见过下雨吗？当然见过，不过这儿下着两种雨，一种雨滴是圆形的，一种雨滴是圆锥形的，你认为哪种雨才是正确的呢？

答案

斜切省力。是因为斜切的切力要比直切小。

答案

实际上雨水是球形的，在下落运动中由于重力作用，变成了圆锥形的。所以圆锥形的雨滴才是正确的。

燃烧的蜡烛

蜡烛是平衡的，如果两边同时燃烧，那么燃烧的蜡烛是两端上下摆动直到燃完，还是两端保持平衡燃烧呢？

烟囱的作用

小朋友或许见过许多的烟囱，但是你知道为什么要建烟囱吗？它的作用是什么呢？

答案

因为蜡烛两头粗细不一，导致火苗大小不同，所以蜡烛会上下摆动着燃烧。

答案

烟囱有输送氧气和排出煤烟的作用。

问题

两瓶汽水

这儿有两瓶汽水，你认为哪一瓶更凉一些呢？

问题

纸锅烧水

请你想一想，这个纸做的锅能把水烧热吗？为什么？

答案

B瓶更凉一些。因为冷汽水吸热，所以瓶外有凝结水珠的现象。

答案

能。因为水在烧热的过程中，火苗的热量被水吸收了，锅始终没有达到燃点。

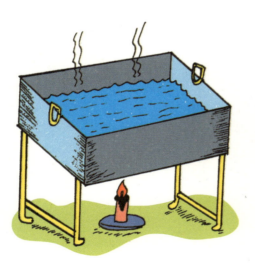

玻璃看字

把玻璃片洗净擦干，滴一滴水在上面，再用它去看字，请你想一想，它能把字放大吗？

让花变色

用剪刀把一朵白色花朵的茎剪出一个斜斜的切口，插在一个有水的玻璃杯中，再在水里滴入红色素。第二天，这朵花就能变红吗？

答案

能。把水滴在玻璃片上，水的表面张力会使水缩成球状，形成一个"水凸透镜"，它和玻璃凸透镜一样，对物体有放大作用。

答案

能。把白色花插在红色的水里，花的茎吸收了带有色素的水后，将水传送给了花瓣，所以花瓣变红了。

问题

两种隧道

这里有两种隧道：一种是方形隧道，一种是拱形隧道，你认为哪一种能够承受更大的力？

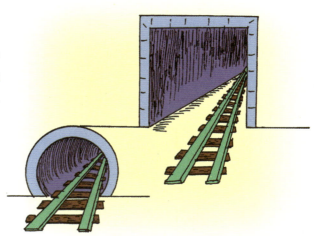

问题

会跑的水

在盘子里盛一些水，再用火点燃一张纸，迅速放入杯子中，立即将杯倒扣在盘子里。请你说一说，盘子里的水会跑到杯子里去吗？为什么？

答案

拱形隧道能够承受更大的力。

答案

会。因为点燃的纸熄灭后，杯中的气压就低，盘里的水在大气压力作用下被吸进杯子里。

问题

奇怪现象

把一个空的汽水瓶放进冰箱冷冻室，大约一个小时后，把瓶子从冰箱里取出来，并把气球迅速地套在瓶颈上，把瓶子放在盛满温水的碗里，几分钟后，你会看见什么现象？

问题

脸盆会翻吗？

小华把一个杯子放在地上，再把盛有半盆水的脸盆放在杯子上，脸盆没有翻倒，这时小华又将一只塑料碗缓缓地放在脸盆的一边，你说脸盆会翻倒吗？

答案

气球涨大了。把瓶子从冰箱里拿出来后，由于外部的温度高于瓶内的温度，瓶内的空气会吸收外部空气中的热量，从而使瓶内的空气体积变大向外溢出，所以把气球涨大了。

答案

不会。因为碗浮在水中，排出的水的重量等于碗的重量，而排开的水会均匀地分散开，不会破坏原来的平衡。

问题

蚂蚁过桥

蚂蚁们搬粮食回家，它们走哪一座桥会更安全些呢？

问题

哪杯更凉

夏天，在通风好的窗台上放两杯凉水，5小时后，哪一杯水喝起来更凉快一些？

答案

走 2 号桥，这样形状的桥承受力更大一些。

答案

没有盖子那杯更凉快些。因为它在不断蒸发，而另一杯水温则与气温相同。

问题

风的方向

请你仔细看看，这两幅图哪一幅不正确？

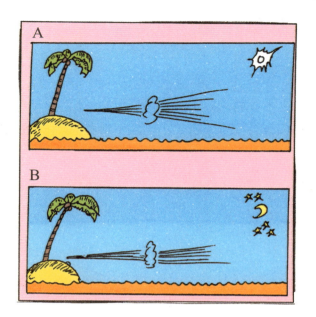

问题

增高与降低

把一条干毛巾放入脸盆时，盆里的水位有时会增高，有时会降低，这是什么原因呢？

答案

B图不正确。
夜晚风是从海面吹
向陆地的。

答案

盆里水多时，
放入毛巾增加体积，
故水位增长，盆里
水少时，毛巾大部
分在水面上，吸入
水，故水位降低。

问题

吹灭蜡烛

佳佳的力气很大，他隔着瓶子吹蜡烛，能把蜡烛吹灭吗？

问题

水温

A、B 杯中的水温各是 35℃，如果把 A 杯的水倒入 B 杯中，请问，B 杯中的水温是上升还是下降呢？

答案

　　能。当气流遇到图中的瓶子便会分两股沿着瓶壁在瓶后汇合。汇合的气流会产生气流旋涡扫灭烛火。

答案

　　水温不变，仍为 35℃。

旋转的纸条

用一张纸，剪一条螺旋形的纸条，再做一个铁丝架，顶在纸条中端，然后放在亮着的台灯灯泡上。请问，一会儿纸条会旋转吗？

黑白气球

这两个小朋友拿着一样大的气球，里面装着同样多的氦气。A拿着黑色气球，B拿着白色气球。请问，在阳光灿烂的天气里，哪个气球升得快些呢？

答案

会。因为一会儿灯泡会发热，纸条受到上升的热空气的作用，就会旋转起来。

答案

A拿的黑色气球升得快。因为黑色气球吸收阳光要多些，球内气体受热膨胀，上升加快。

两个玻璃杯

这里有两个玻璃杯子，一个厚，一个薄。冬天，小明将开水倒入两个杯子中时，一个杯子突然炸裂。请问，是哪个杯子炸裂了？为什么？

水会溢出来吗

这杯满满的水上漂着一块小小的冰块，若再加一滴水，杯中的水就会溢出来。那么请问，当杯中的冰块融化后，水会溢出来吗？

答案

厚杯子会炸裂，因为它传热慢，里层的玻璃变热膨胀，而外层的玻璃还保持原状，所以会炸裂。

答案

水不会溢出来。因为水结冰后，体积要增加，而漂在水上的冰所排出的水的重量，正好等于冰本身的重量。是同样多的水结成的冰。所以当冰融化成水后，杯中的水不会溢出来。

科学画谜

问题

加什么好

这是一杯肥皂水，小明突发奇想，想重新看见水中的肥皂，那么你觉得应该加入糖还是食盐呢？

问题

哪个先化

杯子里有半杯水，现在放入两块冰块，再用一根吸管将一块冰块压到杯子底部。那么，杯子底部的冰块和浮在杯子上部的冰块哪个先化？

答案

加入盐。盐能使肥皂重新出现在液面上，这叫作"盐析"。

答案

杯子上部的冰块先化。因为它一部分露在水面上，吸热快，化得也快。

问题

两杯水

在这两个玻璃杯子里，各放进去一个鸽子蛋，那么现在问你，这两个杯子里，哪一杯是盐水？哪一杯是清水？为什么？

问题

红锈与黑锈

这两颗铁钉，一颗生的是红锈，一颗生的是黑锈。这是怎么一回事呢？这与什么有关系呢？

答案

A 杯是清水，B 杯是盐水。因为蛋的重量比同体积的清水重，所以在清水中会往下沉，但是和同体积的浓盐水相比，蛋的重量则比较轻，所以浮在盐水上。

答案

这下知道了吧！

这与温度有关。高温下铁钉会生红锈，常温下则生黑锈。

问题

哪杯是开水

这儿有A、B两个玻璃杯子，都盛上了水。请你判断一下，哪个杯子盛的是烧过的开水？哪个杯子盛的是自来水？

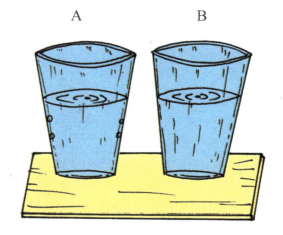

问题

绳断之处

像左图那样用一根细绳将四个球体串起来悬挂着，如果在细绳的末端施加一个向下的力，请你推断，绳子将在什么地方断开。

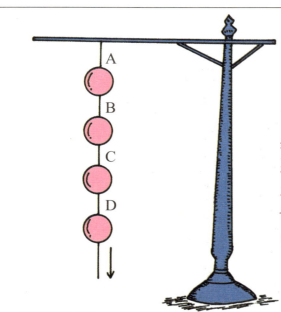

101

答案

A 杯盛的是自来水，B 杯盛的是烧过的开水。没有气泡的是烧过的开水，有气泡的是自来水，因为没有烧开的水里面有许多空气。

答案

如果快速加力，在 D 处断，这是由于 D 处施加的是一个瞬时力，这个力的作用极其短暂，来不及传递到 A、B、C 处。如果慢慢加力在 A 处断，这是因为 A 处受力最大。

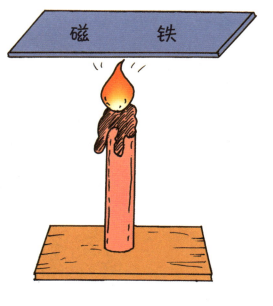

磁性

果果把这块磁铁放在火上加热。那么请问，这块磁铁还能吸住铁吗？

烛火

蜡烛是靠蜡燃烧的，如果在这支燃烧的烛芯涂上蜡，你认为烛火会变大，还是会熄灭呢？

103

答案

再也吸不住铁了。因为热分子破坏了电子运动方向的一致性，磁效应作用相互抵消了。

磁铁

答案

会熄灭。因为涂上蜡后的烛芯得不到氧气。

问题

直烟

　　佳佳说，图中这艘船以每小时9海里的速度向前行驶。可是烟囱里冒出的烟却是直直的。请你判断一下这可能吗？

问题

水与水银

　　这里有两个玻璃杯子A与B，请你判断一下哪个杯子里装的是水？哪个杯子里装的是水银吗？

A　　　B

答案

有这种可能。在风和船同方向、同速度的情况下，船烟囱冒出的烟是直的。

答案

这杯是水！

A

A 杯里是水，B 杯里是水银。因为水和水银的表面张力不同，水银的表面张力强，杯中的液面向上凸起。

问题

两只白鹤

请你判断一下，这两只白鹤，哪一只是在睡觉？

问题

吃草的马

请你判断一下，这匹马是在吃草吗？为什么？

科学画谜

答案

右边那只在睡觉。因为白鹤睡觉时是一只脚站立的。

答案

这匹马是在吃草。因为马吃草时怕刺伤眼睛，所以总是闭着眼睛吃草。

这是我的习惯！

108

问题

三只猫

请你判断一下，这三只猫在干什么？

问题

风的方向

这只八哥这样站在树枝上，你能推断得出这时风是从哪个方向吹过来的吗？

答案

从猫的胡须可以判断出：A在休息；B在摄食或打斗；C在走路。

答案

这时候风是对着八哥吹过来的。因为八哥逆风站着，是为了风顺着羽毛吹，保持羽毛不变，逆风站着，羽毛会吹乱而损坏。

问题

不合实际

右图是小明画的两幅鱼图，请你仔细观察，然后判断出这两幅图中哪一幅不符合实际。

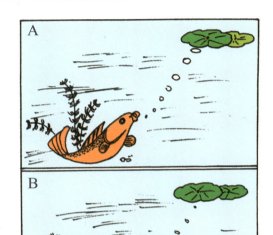

问题

追什么

请你判断一下，这只发怒的猫在追什么？

科学画谜

答案

　　从气泡可以判断出 B 幅图不符合实际。因为气泡应是由小逐渐膨胀变大的。

答案

死猫！

　　这只猫在追鸡和鸭。地上的脚印是鸡和鸭子留下的。

请你判断一下，这幅图有什么不对的地方？

蜗牛图

左图是小佳画的两幅蜗牛图，请你判断一下，这两幅图哪一幅正确？

答案

动物烤火是不对
的，因为动物是怕火
的，它们不敢烤火。

妈呀，火！

答案

好爽！

B 图是正确的。
蜗牛喜欢雨天，而不
喜欢艳阳天。

问题

猫头鹰图

　　明玥画了两幅猫头鹰睡觉图。请你判断一下，哪一幅图才是正确的呢？

问题

两匹马

　　这儿有两匹马，请你判断一下，哪一匹马是在睡觉？

科学画谜

答案

B图才是正确的，因为猫头鹰睡觉总是睁一只眼闭一只眼。

答案

站着的那匹马在睡觉。因为马是站着睡觉的。

问题

蛇大哥的话

你认为蛇大哥的话对吗?

问题

鱼的话

鱼对狗说的是真话吗?

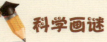

答案

不对。因为蛇是没有耳朵的。

我是不用助听器的！

答案

假话。因为鱼是没有胃的，当然也不会有胃病。

这家伙哪有什么胃病！

问题

鸭的话
你认为它能用吗?

身上太脏,想用洗涤剂洗一下,不知我能不能用?

我也不知道!

问题

配眼镜
请你想一想,蚯蚓说的是真话吗?

我想去商店配副眼镜!

蚯蚓大哥,你到哪儿去?

答案

不能用。鹅、鸭等能够浮在水面主要是靠它羽毛上有油脂不沾水，否则就会下沉。

洗涤剂也不能用，真气人！

答案

假话。因为蚯蚓是没有眼睛的，更谈不上配眼镜了。

这家伙在蒙我。

谁说得对

一天，小鸭与小鸟来到一条小河边，为了过河发生了争执，那么请问，它们谁说得对呢？

问题

这条河只能游过去！

这条河只能飞过去！

问题

鲸的过去

请你仔细想一想，这条鲸说的话正确吗？为什么？

我曾经也是有腿的！

答案

小鸭和小鸟说得都对。鸭只能游过去，鸟只能飞过去。

答案

鲸的话是正确的。鲸曾经是有腿的，后来前腿变成了鳍，而后腿则完全退化了。

问题

谁要雨伞

天空突然下起雨来。请问，青蛙、小鸟和蜗牛，它们谁需要雨伞呢？

下雨了，快回家拿雨伞吧！

问题

彩色画面

这只猫在全神贯注地看电视，不过它能看见电视里彩色的画面吗？

答案

青蛙和蜗牛不怕雨，它们不需要伞，只有小鸟需要伞。因为小鸟的羽毛容易被水浸湿。

我才不需要雨伞呢！

答案

猫能看见电视画面，只不过它分辨颜色是有限的，能看见灰色、绿色、蓝色和黄色，看不见红色。

问题

熊猫的歌声

请你想一想，熊猫唱的歌真的会很好听吗？

问题

说谎的小狗

你知道小猪为什么这样说小狗吗？

答案

不对。熊猫根本就不能发出叫声。

我只会吃竹子!

答案

这家伙并不笨。

狗是不会出汗的，它只能靠伸出舌头散发热量，所以说小狗在说谎。

答案

小鼠和小兔子的话都正确。

都正确！

答案

人们是不小心吃了我的内脏才中的毒。

河豚的话是真的，它的肉没有毒，只是内脏才有毒。

问题

蚊子的担心

你说蚊子的这种担心有必要吗？它会死吗？

我吸了这么多人的血，这回死定了！

问题

苍蝇的话

你仔细想一想，苍蝇说的话对吗？为什么？

我头上这鼻子很远就嗅到了饭味！

答案

不会死。因为蚊子吸的血是进入消化道，并没有进入血管。

答案

不对。因为苍蝇的嗅觉器官是长在前足上的。

问题

青蛙的问题

这儿有一个摆动的纽扣和两只固定的昆虫。那么你认为青蛙会首先扑向哪一个呢？

看我一口吃掉你。

问题

闷水比赛

这儿有一只鸡和一只蚂蚁，它们在比赛闷水，那么你认为它们谁会赢？

131

青蛙首先会扑向摆动中的纽扣。因为青蛙看不见静止的物体。

气死我了!

蚂蚁会赢。因为蚂蚁的出气孔在腹部。

耶!我赢啦!

问题

蚊子的对话

这两只蚊子在夸自己的本事大。那么，你认为它们谁说得对呢？

> 我雌蚊叮人可厉害了！

> 还是我雄蚊叮人厉害！

问题

蚱蜢的话

蚱蜢这样就真的听不见别人说话了吗？

> 我把耳朵捂住就听不见你说话了！

答案

雌蚊说得对。因为雄蚊是不叮人的，只有雌蚊才叮人或动物。

还是我雌蚊厉害！

呀!

答案

这家伙还想来蒙我。

不能。因为蚱蜢的听觉器官长在腿上。

问题

长颈鹿的错

这真是长颈鹿的错吗？

问题

海龟的眼泪

小海龟的眼睛里常流出眼泪来，这是小海龟在哭吗？

答案

不是。因为长颈鹿不会发声，它只是个"哑巴"。

是谁在叫！

答案

谁说我在哭。

海龟体内多余的盐分需要从眼睛排出，所以海龟并不是在流眼泪。

问题

谁在喝水

鸡和兔子都说自己在喝水。那么从图中你能判断出谁在真正喝水吗？

问题

蛇的本领

请你仔细想想，蛇真有这么大的本领吗？

我把这只兔子吃下去，可以在一个月内不再吃任何东西！

鸡在喝水。鸡喝水时才把头朝上。这是因为鸡没有发达的口腔肌肉，不能把水咽进去，所以，它在喝水时只好先把水含在口里，然后再扬起头来让水自然地流入食道。

有。蛇能把小兔子吞下去，只要腹内有食物，它就能不吃其他东西。

问题

谁是猴王

　　请你仔细瞧瞧，判断一下，这三只猴子当中哪一只是猴王？

问题

快逃，专吃害虫的啄木鸟来了！

逃跑的蝗虫

　　请你仔细瞧瞧，图中有什么地方是错误的？

答案

尾巴竖直的那只是猴王，其他猴子是不允许竖直尾巴的。

答案

啄木鸟对付不了善于飞的蝗虫，只善于吃树洞中的虫子。

问题

睡觉的大象

这儿有两头大象在睡觉，请你仔细瞧瞧，哪一头大象是真的在睡觉？

问题

非洲特热，我常到河里游泳，然后爬到大树上去乘凉。真痛快！

狮子的话

请你仔细想一想，这狮子的话可信吗？

谁说得对

小狗、青蛙和乌龟，它们谁说得对呢？请你好好想想吧！

谁的寿命长

请你把乌龟与大象的对话好好想想，判断出它俩谁的寿命长？

答案

乌龟说得不对。因为乌龟仰面是很难坐起来的。

天呀！

答案

乌龟的寿命比大象长。大象一般活40～50岁，而乌龟可活上百岁或更长。

俗话说"千年王八万年龟"。哈哈……

问题

胃的问题

骆驼说它有三个胃，牛说它有四个胃。那么，它们谁说的话对呢？

（对话气泡）我有三个胃。

（对话气泡）我有四个胃。

问题

心脏问题

请你想一想，昆虫真的有心脏病吗？

（对话气泡）别吓我，我的心脏病犯了怎么办！

答案

它们的话都正确。骆驼有三个胃，牛有四个胃，它们都是反刍动物。

答案

蚂蚁没有说错，昆虫不但有心脏，而且还有血管。

问题

小狗与蛇
你认为小狗与蛇谁说的话对呢?

问题

睡觉
请你仔细看一看,这只狗是在睡觉吗?

答案

小狗和蛇说得都对。蛇一生要换好几次牙，而狗一生只换一次牙。

哄你是小狗！

答案

是在睡觉。因为狗的鼻子很灵敏，是其很重要的生存工具，它这样睡觉是为了更好地保护鼻子不受外界的伤害。

答案

猫正在与黄鼠狼对话。

我是黄鼠狼。

答案

我哪有什么胆囊炎！

大象没有胆，当然不可能有胆囊炎。它是素食动物，不需要胆汁来消化过多的蛋白质和脂肪。

问题

谁是妻子

请问，这对正在表演的蝉谁是妻子，谁是丈夫？

问题

袋鼠的尾巴

你认为袋鼠的话可信吗？

答案

会唱的是丈夫。因为蝉只有雄性才会鸣叫。

答案

不可信。袋鼠的大尾巴不是用来击退敌人的，而主要是起支撑身体的作用。

问题

谁在说话
你知道吗，这是哪一个动物在说话？

?!

我呀，虽然以"王"著称，但我怕山雀的粪便，因为这些脏物撒在我身上，我身上的皮毛便会溃烂不止。

问题

谁是妹妹
你知道它们谁是哥哥，谁是妹妹吗？

别告诉他们！

答案

是我老虎呀！

答案

哈哈…

左边一个是哥哥，右边一个是妹妹。因为雄性青蛙的喉咙部左右两侧各有一个气囊，雌性没有。

问题

谁是哥哥

你知道这两只螃蟹谁是哥哥，谁是妹妹吗？

问题

谁是丈夫

你知道这两只蟋蟀哪一只是丈夫，哪一只是妻子吗？

右上一只是哥哥，左下一只是妹妹。因为雄螃蟹的腹部像喇叭，雌的是圆形。

答案

左边一只是雄性，右边一只是雌性。因为雄性有两根尾须，雌性有三根，中间一根是产卵管。

问题

谁是害虫

这是两只瓢虫，那么你知道它们谁是益虫，谁是害虫吗？

问题

配助听器

请你好好想想，猫头鹰真的需要助听器吗？

右边的七星瓢虫是益虫。左边的瓢虫是害虫。

不需要，猫头鹰的听觉也很好，能听到地下老鼠的叫声。

图书在版编目（CIP）数据

科学画谜 / 王维浩编著 .-- 长春 : 吉林科学技
术出版社，2017.7（2022.8 重印）
（锻炼脑力思维游戏）
ISBN 978-7-5578-1923-1

Ⅰ.①科… Ⅱ.①王… Ⅲ.①智力游戏—少儿读
物 Ⅳ.① G898.2

中国版本图书馆 CIP 数据核字（2017）第 052356 号

锻炼脑力思维游戏：科学画谜

DUANLIAN NAOLI SIWEI YOUXI : KEXUE HUAMI

编　著	王维浩	
编　委	牛东升　李青凤　王宪名　杨　伟　石玉林　樊淑民	
	张进彬　谢铭超　王　娟　石艳婷　李　军　张　伟	
出 版 人	宛　霞	
责任编辑	吕东伦　高千卉	
封面设计	冬　凡	
插图设计	刘　俏　杨　丹　李　青　高　杰　高　坤	
幅面尺寸	170 mm×240 mm	
开　本	16	
字　数	100 千字	
印　张	10	
版　次	2017 年 7 月第 1 版	
印　次	2022 年 8 月第 4 次印刷	

出　版　吉林科学技术出版社
发　行　吉林科学技术出版社
地　址　长春市福祉大路 5788 号出版大厦 A 座
邮　编　130118
发行部电话 / 传真　0431-81629529　81629530　81629531
　　　　　　　　　　　81629532　81629533　81629534
储运部电话　0431-86059116
编辑部电话　0431-81629516
印　刷　德富泰（唐山）印务有限公司

书　号　ISBN 978-7-5578-1923-1
定　价　36.00 元